PARIS
PORT DE MER.

DE L'IMPRIMERIE DE LACHEVARDIERE FILS,
RUE DU COLOMBIER, Nº 30, A PARIS.

PARIS

PORT DE MER;

PAR L'AUTEUR

DE LA

REVUE POLITIQUE DE L'EUROPE

EN 1825.

Populus doceri debet pecuniam publicam
in Reipublicæ salutem atque splendorem
converti. Ideò publica ædificia exstruenda
sunt ; pontes, portus, templa exædificanda.

CLAPMARIUS.

DEUXIÈME ÉDITION.

PARIS,

REY ET GRAVIER, QUAI DES AUGUSTINS ;

DELAUNAY, PONTHIEU, PALAIS-ROYAL.

—

Janvier 1826.

PARIS

PORT DE MER.

Populus doceri debet pecuniam publicam
in Reipublicæ salutem atque splendorem
converti. Ideò publica ædificia exstruenda
sunt ; pontes, portus, templa exædificanda.

CLAPHARIUS.

Une grande idée a été conçue ; seule, elle suffit à la gloire de son auteur. Cette grande idée est de joindre, par un canal, Paris à l'Océan, et de faire arriver dans son sein les bâtiments qui font le commerce des mers.

Transformer, pour ainsi dire, une ville centrale en ville maritime : voilà de ces pensées qui élèvent les empires, qui portent en elles-mêmes le germe de toutes les grandeurs, renferment d'inépuisables richesses, promettent une vie nouvelle aux gouvernements et aux peuples, et assurent à un vaste empire une suprématie imposante dans toutes les affaires politiques et commerciales.

S'il est juste de rendre gloire à l'auteur de ce large dessein, il serait injuste de ne pas rendre grâce au gouvernement qui l'accueille et veut le féconder. Il ne nous offre pas assez souvent l'occasion de le louer, pour lui refuser cet hommage quand il a droit de l'attendre.

Un noble monument de la puissance royale, qui est en même temps un immense bienfait national, suffit pour immortaliser un règne. Il faut dire plus : la plupart des fautes des gouvernements vont se perdre dans l'exécution de ces vastes conceptions qui intéressent les générations futures; et du moins,

si elles ne sont point pardonnées par les con-
temporains, elles sont oubliées par leurs des-
cendants, qui héritent peu de l'indignation de
leurs pères, et qui, ne saisissant que les résultats qui leur importent, pardonnent les
fautes d'un siècle en faveur des bienfaits qui
les touchent. C'est ainsi que l'accusation des
peuples vivants s'arrête et s'éteint où la pos-
térité commence.

Les rois de France ont toujours aimé à
s'illustrer par des travaux remarquables. Ils
mettaient de la gloire à laisser des monuments
de leur règne ; ils voulaient se perpétuer avec
eux, et semblaient leur confier la durée de
leur nom. Mais ici il faut faire la distinction
des temps, et suivre les nouvelles directions
que l'esprit national imprime à la pensée
royale.

Lorsque les rois de France n'étaient préoccupés que de leur illustration personnelle, ils bâtissaient des châteaux royaux ; monuments stériles dont l'aspect ne parle point au cœur des hommes ; monuments affligeants dont souvent les matériaux ont été détrempés dans la sueur des peuples, et dont la grandeur est formée de leurs misères.

Cet esprit royal commença à se changer en esprit national sous le règne de Henri IV, qui vit s'ouvrir le canal de Briare, le premier canal *à point de partage* qui ait été construit dans le monde connu, tout entier d'invention française, et qui ensuite servit de modèle aux canaux de France et d'Angleterre.

Cet esprit national se soutint sous Louis XIII, et sous Louis XIV même, lorsqu'il

fut inspiré par le génie de Colbert, ce troi-
sième grand ministre que la France ait eu
dans mille ans de monarchie. Louis XIV
fit le canal de Languedoc, monument de
grandeur et de prospérité nationale, qui cependant n'a pu faire pardonner les ruineux
édifices de Maintenon, de Marly et de Versailles. Les rois peuvent juger ici la différence
et la fin des monuments qu'ils élèvent. Le
canal de Languedoc, qui opère la jonction
des deux mers, assure une prospérité éter-
nelle aux provinces qu'il traverse; et Maintenon et Marly ont disparu, et Versailles
n'est qu'une masse inutile qui effraie nos
rois mêmes par son étendue colossale. Ses
jours de gloire sont passés. Versailles a été
la forteresse de la monarchie absolue. Ce
temple royal est devenu ruine avant sa destruction; et il n'est plus au pouvoir des rois

de France de lui rendre ses premières destinées. Avec les immenses trésors engloutis
dans ces vains monuments, on aurait ouvert
dans toutes les provinces de France les canaux
que demandent de toutes parts le commerce
et l'agriculture. Les rois de France ne feront
plus de ces fautes. Les besoins nationaux
l'emportent sur les vanités royales, ou, pour
parler avec plus de justice, les rois sont tou-
chés d'une plus noble gloire, et vont appliquer leur puissance aux grandes entreprises
nationales, source plus pure et plus vraie de
la grandeur des rois et des peuples. M. de
Vauban était pénétré de ce sentiment et de
cette vérité, lorsqu'il disait du canal de Languedoc, qu'il eût préféré la gloire d'en être
l'auteur à tout ce qu'il avait fait et pourrait
faire à l'avenir.

Louis XVI, dont le cœur bienveillant était rempli du bonheur de la France, agrandit, fortifia le port de Cherbourg, et fit de ce bienfait national le premier trait distinctif de son administration. Il en fit le voyage au milieu des acclamations du peuple; ce fût le plus grand bonheur de sa vie. C'était lui faire sa cour que de lui parler de son voyage, et des travaux de Cherbourg. Il sentait qu'il avait fait quelque chose de mieux qu'un château royal. Que n'eût pas entrepris ce roi si digne de nos regrets, s'il eût vécu et régné avec les puissants moyens que donne aux rois de France le pacte constitutionnel, et secondé par ce génie créateur qui depuis quelques années s'est développé dans la France et dans toute l'Europe!

Le roi son frère a vu commencer son

règne au sein de cette prodigieuse activité, et au milieu des élans de tous les esprits vers les sources connues et inconnues de pro- spérités nationales. Les rois sont dans des cir- constances plus heureuses : les peuples, plus éclairés, sont plus justes; les intentions des rois sont mieux interprétées; il peuvent se livrer sans danger à cette passion du bien pu- blic dont Louis XVI a été la victime, dans un temps d'aveuglement. Il est bien doux pour un roi bienveillant de ne trouver au- jourd'hui aucune résistance à combattre pour le bonheur des peuples, et de n'avoir qu'à aider de son souffle cette impulsion qui les porte vers tout ce qui peut augmenter la gloire et la richesse des empires. Telle est l'admirable position des rois de France : ils n'ont plus qu'à laisser faire. Lorsque le génie français était étouffé sous les préjugés et les superstitions, ou jeté dans les erreurs de l'ancienne administration, l'étude du bien public était un travail pénible et même dangereux pour les rois; aujourd'hui, ils n'ont plus à s'en inquiéter, ils n'ont plus qu'à y consentir : tous les plans de prospérité publique leur sont apportés, tous les moyens d'exécution leur sont offerts; ils n'ont plus qu'à donner un écoulement à toutes les sources qui jaillissent autour d'eux.

Prenons date ici pour la gloire du roi régnant. Le plan d'un canal de Paris à la mer a été mis sous ses yeux; il a été frappé de ce noble projet qui va faire de Paris la sœur et la rivale de Londres. Ce grand dessein est à la hauteur des vastes conceptions qui en ce moment sortent de toutes parts du génie de l'homme, et qui tiennent le monde dans l'attente de leurs immenses conséquences. Ainsi le génie anglais va creuser l'isthme de Panama pour ouvrir une route rapide d'Amérique en Asie; la Russie fera revivre cette grande pensée du Czar de faire couler dans le même lit le Don et le Volga, et l'union de la mer Rouge et de la Méditerranée fera sortir une nouvelle Égypte de ses sables et de son limon.

Ainsi de nouvelles destinées sont promises à la capitale de la France par sa communication directe avec les mers.

Le lit de ce canal maritime est tracé, les obstacles sont reconnus et vaincus. Une société intelligente et puissante en a constaté et apprécié les travaux, les plus habiles ingénieurs sont dans le conseil ou dans l'exécution. Cette société est secondée et dirigée par des hommes éminents par leur position sociale, recommandables par leurs lumières et leur expérience. Des dépenses considérables ont été faites pour préparer l'exécution de ce grand projet ; les capitaux ne manqueront point pour l'ouvrir et l'achever ; les résultats en sont calculés ; tout est prévu, tout est considéré, tout est prêt : une loi seule est à proposer, une loi seule est à rendre.

Mais ici se présentent des difficultés d'une autre sorte, et qui ne tiennent point à la nature de l'entreprise : il faut proposer cette loi à des députés dont beaucoup ont manifesté leur prédilection pour les provinces et leurs préventions contre Paris. Ce sont des erreurs à combattre ; et l'on triomphe des erreurs par le raisonnement. Les préjugés n'ont plus la même force, et les esprits sont disposés à l'examen de toutes les questions.

'Il y a une infinité d'hommes qui, suivant de trop loin le mouvement des sociétés, n'apercevant pas les sources des richesses, et n'ayant aucune idée nette de leur circulation, sont toujours attachés aux faux systèmes de la vieille administration, et encore égarés par les sophismes d'économie politique enfantés après le renversement de l'administration de M. de Sully et de celle de M. de Colbert, et qui se sont perpétués jusqu'à nous.

C'est une absurde erreur beaucoup trop répandue, que les provinces sont tributaires de Paris, que Paris les épuise, qu'il est le gouffre où vont se perdre toutes les richesses, que cette capitale appelle tout dans son sein, qu'elle absorbe, consomme et engloutit tout.

Il y a quelque chose d'insensé de faire ainsi la séparation du tronc et des branches. Car il en est ici de même que des arbres : le tronc nourrit les branches, et les branches nourrissent le tronc; plus les branches lui donnent de force, plus il en donne aux branches : et la remarque et la comparaison sont justes, car plus Paris s'agrandit, plus les villes provinciales s'étendent; plus il a d'opulence, plus elles en ont elles-mêmes. Et l'explication en est aussi naturelle que facile : Paris consomme, mais il consomme les productions des provinces. Si les provinces lui envoient leurs productions, Paris leur en donne le prix: plus il reçoit, plus il renvoie; plus il absorbera, plus il demandera aux provinces, qui augmenteront leurs productions pour suivre la rapidité de ses consommations.

La consommation fait la richesse de tous les pays qui produisent : plus elle est grande, plus elle fait augmenter le travail, qui augmente les productions, qui, à leur tour, font l'augmentation des richesses. Ainsi Paris, loin d'épuiser les provinces, les accroît et les enrichit. Ne pouvant se suffire à lui-même, il faut qu'il ait recours aux provinces. Il fait doubler l'activité des provinces, qui doublent leurs productions, et qui en reçoivent le double prix. Ce ne sont donc point les provinces qui sont tributaires de Paris, c'est Paris qui est tributaire des provinces. Si Paris n'avait qu'une consommation égale à celle des provinces, elles seraient pauvres et inactives. Les provinces doivent donc s'applaudir de l'accroissement et des prospérités de Paris ; car ce n'est que dans les grandes capitales que l'on consomme, que l'on apprend à consommer, et que l'on est même, forcé de consommer. C'est là que les besoins se multiplient, ce qui oblige à multiplier les moyens de les satisfaire. Les capitales sont prodigues, les provinces sont économes.

La richesse des empires est dans la consommation. Tous les produits de l'agriculture doivent arriver à cette fin, et plus tôt ils y arrivent, plus elle est florissante; elle languit près d'une consommation languissante. Que sert en ce moment à la Pologne d'avoir dans ses magasins plusieurs moissons de grains, si elle ne sait ni les consommer, ni les faire consommer? Si Varsovie était une capitale comme Paris, il ne lui faudrait pas d'autre débouché.

Les grands revenus de l'Angleterre ont leur

source dans la consommation : c'est le pays
d'Europe où elle est la plus forte; c'est aussi
le pays où les revenus de l'état sont plus
considérables. C'est par les richesses que l'Angleterre a trouvées dans cette source, qu'elle a
échappé à toutes les prophéties de ruine et de
désastre dont tous les économistes la mena-
cent depuis cent ans. C'est par là, en partie,
qu'elle a trompé tous les calculs sinistres dont
sont remplis nos livres de finances sur la situation des siennes. En finances et en politique l'Angleterre nous jette bien loin derrière
elle. D'ailleurs, son esprit national la préserve
de toute grande catastrophe : il ne faut pas lui
appliquer les raisonnements qui seraient bons
pour d'autres peuples. La France périrait où
l'Angleterre se sauve.

Le grand secret de l'état est d'accroître ses

revenus, sans augmenter les impositions, et sans surcharger l'agriculture, dont les bénéfices sont toujours modiques et peu variables; et cet avantage ne peut s'obtenir que par un plus grand degré de consommation. Mais, pour animer et étendre la consommation, il faut donner une nouvelle impulsion au commerce et à l'agriculture, il faut donner un plus grand développement à tous les genres d'industrie. Tout se touche, tout est lié dans les intérêts nationaux: si l'état veut être riche, il faut qu'il donne aux citoyens les moyens de s'enrichir; les rois ne peuvent être riches où les citoyens ne le sont pas.

Si la consommation opère de si merveilleux résultats, si c'est elle qui enrichit les peuples et les souverains, il est donc nécessaire de l'étendre dans toutes les parties de l'empire, et il suffit pour cela de l'animer dans les lieux où elle a son centre d'activité, et c'est dans les grandes capitales qu'il est établi. Si les grandes capitales épuisaient les provinces, Londres, Paris, Amsterdam, seraient riches, et l'Angleterre, la France et la Hollande seraient pauvres : mais, au contraire, les villes provinciales d'Angleterre sont dans le plus haut état de splendeur; il en est de même des villes provinciales de Hollande et de France. Si Paris a augmenté son enceinte, sa population, son commerce et son industrie, cette prospérité a-t-elle nui à Lyon, à Bordeaux, à Nantes, à Marseille, à Lille, à Rouen, et aux autres villes qui suivent de si près la prospérité de Paris, qui est plutôt la source de la leur?

Là où les provinces sont pauvres, c'est

qu'il n'y a point de capitale où l'on consomme. L'Espagne est pauvre et inactive, parceque Madrid n'est qu'une ville de province où l'on ne consomme pas plus que dans les autres villes; elle n'a que le nom de capitale. Ce n'est point dans les villes médiocres que l'on consomme; et là où il n'y a point de consommation, il ne peut y avoir de richesses. Quand une ville capitale agrandit son enceinte, sa population et son industrie, on peut prédire la prospérité de tout le pays : c'est à l'égard de la Belgique la situation de Bruxelles, que le roi des Pays-Bas semble vouloir élever à la splendeur des plus grandes capitales, et par là il a embrassé tous les intérêts de son royaume.

On a dit à la tribune publique, *On produit trop.* Voilà un mot qui est une grande faute, et qui ne donne pas une haute idée de la science économique de celui qui l'a dit. Il ne faut que ce mot pour nous faire l'objet des railleries de l'Angleterre.

On produit trop ! il fallait dire, *On ne consomme pas assez.* Vous direz que *l'on produit trop,* quand vous aurez atteint le dernier degré de consommation. Et chez quel peuple peut-on l'atteindre ? qui a jamais établi la balance des productions et des consommations ? quel gouvernement a jamais mis toute sa population en état de consommer tout ce qu'elle peut consommer ? ce n'est pas celui de France, assurément. Ce n'est pourtant que par cette épreuve que l'on pourrait établir cette balance, et cette épreuve est impossible. Avez-vous calculé tous les besoins, pour juger si vous avez du superflu ? Mais si en effet vous

en avez, faites-vous des routes pour le porter où manque le nécessaire ; et si vous ne
savez pas vous en ouvrir, du moins n'em-
pêchez pas de les chercher.

Mais cette immense population indigente
d'ouvriers et de villageois se plaint-elle que
l'on produit trop., elle qui ne consomme
rien, et qui doit ignorer si l'on produit ?
Faites que cette population consomme, creu-
sez des canaux, créez des routes, étendez
les communications, ouvrez des issues de
toutes parts au commerce et à l'agriculture ;
multipliez les travaux, faites augmenter les
salaires, vous donnerez à cette population
les moyens de consommer, et vous ne direz
plus alors que *l'on produit trop*.

Ici les devoirs de l'humanité se joignent

aux considérations de la politique et de l'administration : entrez dans une meilleure distribution des ressources d'un état; il n'est pas juste qu'une moindre population soit dans la surabondance de toutes choses, et qu'une plus grande population soit dans l'extrême privation de tout. Vous ne la dédommagerez point par des secours et des aumônes, c'est du travail qu'il lui faut : doublez donc le mouvement de cette classe active et productive. C'est le secret de l'Angleterre. C'est là que l'on apprend que l'aisance des peuples est la richesse des états et des souverains. Les paysans d'Angleterre consomment plus que les gens aisés en France, et cependant qu'est son sol comparé au nôtre? Mettez la France en valeur comme elle, et pour les hommes et pour les choses. En quel état sont encore beaucoup de provinces de France? Un cin-

quième des terres est inculte et à défricher ;
des pays entiers manquent de communications ; il y en a où les races d'hommes sont
encore comme au temps de l'invasion des
Romains. Faites entrer ces races trop agrestes
dans la civilisation commune ; donnez du
jour à cette population enfoncée, qui est au
sein de la France comme si elle était au
milieu d'un désert de l'Afrique ; portez la
vie dans ces contrées, et que le mouvement
parte du cœur, qui est Paris ; faites, s'il est
possible, que tout aboutisse à ce centre,
car ce centre renverra tout à ses extrémités.
Les richesses d'un empire sont comme les
eaux de la mer, elles ont leur flux et leur
reflux.

Ces vérités sont si frappantes, qu'on est
étonné qu'il soit besoin de les établir. Ce

n'est point en Angleterre qu'il faut les porter : là elles sont dans toute leur force, et y
produisent tous leurs fruits. Ces vérités autrefois ont été vivantes parmi nous. Sous nos
grands ministres, nous avons été des modè-
les pour les étrangers, et ils sont aujourd'hui
les nôtres. Portons nos regards sur la compo-
sition intérieure de leur pays. Nous ne
devons pas être moins attentifs à l'administration des autres peuples qu'à leurs intérêts
politiques; nous devons étudier leurs progrès,
et les suivre. Reprenons à l'Angleterre ce
qu'autrefois elle est venue prendre en France,
au temps des Sully et des Colbert: car leur
administration est chez elle; mais elle l'a
étendue et perfectionnée. En ce temps elle
nous a imités; à notre tour imitons-la.

Faites comme nous, vous crie M. Canning,

notre administration est à découvert; suivez-nous, vous dit ce grand ministre qui marche en tête du monde civilisé, qui appelle aux mêmes grandeurs tous les peuples qui le comprennent, et qui vous découvre les routes par où l'Angleterre a passé.

Le premier devoir d'un citoyen qui veut parler à la raison publique est de combattre et de détruire les erreurs et les sophismes qui égarent ou embarrassent l'esprit national, et le font hésiter dans sa marche. Les faux raisonnements retardent le développement des nations, surtout quand ils entrent dans le gouvernement, ce qui n'est que trop ordinaire.

Depuis la mort de M. de Colbert, beaucoup de ces faux raisonnements se sont enracinés de ministère en ministère, et les

gens de cour et les gens de finances trouvaient
leur avantage à les établir et à les soutenir ; et, par autorité et par adresse, ils ont
pendant plus d'un siècle obscurci le bon
sens général ; et la France, qui n'a pas toujours été le pays le plus ignorant en économie politique, l'est enfin devenu. Mais la
nation française, ne recevant pas de lumières
de son gouvernement, s'est éclairée elle-
même ; elle a fait elle-même son éducation
d'économie politique. Aujourd'hui la société
n'a plus besoin de précepteurs ; elle va de
son propre mouvement ; elle est elle seule
son guide et sa boussole, et marche vers son
bien-être par la seule harmonie de ses intérêts et de toutes ses intelligences réunies :
ce ne sont point les ministres qui instruisent
la société, c'est la société qui instruit les
ministres.

Abordons ces erreurs accréditées par les raisonneurs du dernier siècle, et dont on pourrait embarrasser la grande question qui nous occupe.

Des hommes d'état se sont épouvantés des grandes populations, comme si la terre ne pouvait suffire à ses habitants; d'autres s'effraient de la subdivision des propriétés, et des richesses qui se disséminent de plus en plus ; d'autres se persuadent que la confusion doit enfin se trouver dans la surabondance des hommes et des choses, et dans l'extension et la contagion du luxe. Dissipons ces vaines frayeurs.

Quand la terre est cultivée et la société civilisée, les grandes populations n'embarrassent pas plus que les petites, et elles sont la force et la richesse des empires. Si une terre est trop surchargée, il ne faut pas s'en inquiéter; les hommes s'écoulent d'eux-mêmes. Quand la population déborde, elle sait où se répandre. Les gouvernements n'ont pas tant à faire qu'ils le pensent; ils doivent laisser agir la société, et se borner à seconder son mouvement, comme les habiles médecins laissent agir la nature, et se bornent à l'aider. Si le sol natal ne suffit plus aux hommes, la terre ne manque point, et tant qu'elle ne manquera point, il n'y aura point désordre. Qui a appelé en France cette nombreuse population d'ouvriers étrangers qui s'y trouvent, et qui ont fui la terre natale impuissante à les soutenir? personne; ils sont venus d'eux-mêmes, sans qu'on ait senti le mouvement de leur déplacement; quand une génération tout entière de protestants a été chassée du sol paternel, elle a trouvé sa place sur une terre hospitalière, sans secousse et sans confusion. Quand neuf cent mille Maures vidèrent l'Espagne, l'Europe ne s'en aperçut point.

Des gouvernements aussi ignorants que cruels ont fait autrefois la guerre pour affaiblir les populations et élargir les terrains, et cette barbarie a passé pour habile politique; il en est beaucoup aujourd'hui même qui prennent le nom d'hommes d'état, et qui professent encore ces odieux principes d'une administration criminelle: mais la société ne les acceptera plus; nous avons une autre science et d'autres mœurs.

Comparons-les avec celles de ce temps-là.

Dans le douzième siècle, lorsque le peuple

prit quelque essor vers la liberté et l'instruction, et que l'on vit les écoles se remplir de maîtres et d'écoliers, *cette populace d'affranchis*, c'est M. de Boulainvilliers qui parle, *ne put se modérer ni se contenir; de sorte que si la mode des pèlerinages d'outre-mer n'eût entraîné en Orient des millions des plus inquiets, on aurait été obligé d'en exterminer le plus grand nombre, comme des bêtes féroces.* Voilà comme autrefois on parlait de l'humanité, et comme on éclaircissait les populations.

Que les rois ne s'effraient point; que l'Europe se tranquillise! elle peut porter le double de sa population. Mais si l'on croit que l'ancien monde est trop plein, le nouveau monde est vide. Que l'Europe laisse faire l'Amérique, elle prendra son superflu; et qu'elle craigne même qu'elle ne prenne son néces-

saire! Ces écoulements se feront sans ébran-
lement, et même sans mouvement sensible.
Les hommes meurent un à un, et tout-à-
coup une génération est éteinte, sans qu'on
ait aperçu sa destruction. Ici les hommes s'é-
couleront un à un; et une population entière aura dégagé l'Europe, sans qu'on ait
aperçu sa transplantation.

La subdivision des propriétés est le plus
grand avantage de la société. Plus il y a de
citoyens attachés au sol, plus l'état est solide
et tranquille. Dans ce plus grand partage des
biens, les mœurs de familles sont plus générales,
les, les devoirs de citoyens mieux observés,
la terre est plus remuée et plus féconde,
l'état et les citoyens sont plus riches, et enfin la justice distributive mieux satisfaite.
Si les fortunes territoriales sont moins con-

sidérables, elles seront remplacées par les fortunes industrielles; et, quelque crainte que l'on témoigne à cet égard, il y aura toujours de grands propriétaires : car les grandes fortunes industrielles finiront par se convertir en fortunes territoriales. L'argent n'est pas toujours mobile; il tend à se fixer : il n'est mobile que pour s'accroître ; il se fixe pour se conserver. D'ailleurs, il n'est plus possible d'arrêter ce partage et ce déplacement des propriétés; cela tient à trop de causes puissantes : le mouvement qui s'y remarque est une partie du mouvement général qui emporte la société. La mobilité des propriétés prend sa source dans cette agitation d'intérêts qui entraîne aujourd'hui tous les hommes; et nous verrons, dans un sens contraire , les fortunes territoriales se transformer, pour s'accroître, en fortunes industrielles.

Comme nous citons l'Angleterre en notre faveur, on voudra sans doute ici la citer contre nos raisonnements. Il faut, dira-t-on, de grandes propriétés pour opérer de grandes choses : c'est aux fortunes colossales des particuliers anglais que l'Angleterre doit ces vastes entreprises de routes, de canaux, d'édifices qui l'ont conduite au degré de prospérité où elle est montée. Cela est vrai, sans doute ; mais elle le doit encore plus à l'esprit public de sa nation. Si l'Angleterre n'avait pas plus d'esprit national que la France, ces mêmes grandes propriétés seraient de grandes calamités. Si ces immenses propriétés étaient dans les mains de particuliers français, elles y seraient immobiles ; elles ne seraient bonnes qu'à leurs familles. On voit peu de riches Français qui appliquent leurs fortunes aux avantages nationaux. Au reste, les mêmes moyens sont en France, quoique plus épars; et quand la France aura un esprit national comme l'Angleterre, elle fera les mêmes merveilles. C'est cet esprit qui nous manque, et non pas la puissance. N'accusons pas nos ressources, mais nous-mêmes.

Il n'est plus temps d'agiter cette vieille question si le luxe est plus nuisible que favorable à la morale et au bonheur des peuples. Les débats de cette proposition ont occupé l'oisiveté du dernier siècle. Ce ne sont point les raisonnements des publicistes et des philosophes, c'est la marche des choses qui en a donné la solution. Le pour et le contre de

cette question ont fait enfanter des volumes;
aujourd'hui on l'éclaircit en dix lignes, et
nous venons de le faire.

Qu'est-ce que le luxe? c'est un plus grand
degré de consommation; et si la consommation fait la richesse des empires, le luxe est
donc nécessaire. Le luxe a ses inconvénients
et ses mauvaises conséquences, comme tout
ce qui tient à l'homme et qui est l'œuvre de
l'homme; mais il ne faut pas l'accuser de
l'immodération des hommes. Si l'amour du
luxe les entraîne souvent à leur ruine, c'est
eux-mêmes qu'ils doivent accuser de n'avoir
pas su modérer leurs désirs et les régler sur
leur fortune. Les hommes n'ont que trop de
pente à rejeter sur des causes occasionelles
les malheurs qu'ils ne doivent qu'à des pas-
sions déréglées. Selon les mêmes déclama-

tions, le luxe n'est pas innocent de la dépravation des mœurs ; cependant il ne nuit pas plus à leur pureté que la misère, et la preuve en est sous nos yeux. Où les mœurs sont-elles plus dépravées que dans la population villageoise, qui ignore ce que c'est que le luxe? Si le luxe doit un jour pénétrer dans les campagnes, il y arrivera bien tard après la corruption. Cette vérité d'expérience vivante et générale peut servir de réfutation à toutes les accusations contre le luxe, qui sont parties de la chaire évangélique, des livres de philosophie, et de la tribune politique.

Faut-il aussi reproduire cette maxime inhumaine et odieuse, tant vantée à dessein par la classe supérieure, qu'il ne faut pas que le peuple soit à son aise, pour qu'il soit plus laborieux et plus obéissant. Cette maxime, bien digne des temps où elle a pris naissance, accuse bien plus ceux qui l'ont mise en vogue que le peuple qui en est l'objet. C'est une insulte au malheur et à l'indigence. C'est une politique funeste au commerce et à l'agriculture, de défendre à la classe laborieuse de participer à leurs avantages : elle convenait à cette fraction de l'état qui veut que la terre n'enfante que pour elle, et que mille travaillent pour un. D'ailleurs cette maxime est aussi fausse qu'elle est inhumaine : c'est dans cette classe que sont le plus répandues les idées d'ordre, de justice et d'obéissance ; c'est la plus soumise à l'autorité. Jamais elle ne se révolte d'elle-même ; elle est toujours passive, et n'est active que quand les factions s'en emparent. C'est elle qui est toujours moyen, et qui n'est jamais cause, c'est elle qui sait souffrir la

plus pesante oppression, tandis que les autres
classes ont tant de peine à supporter la moindre
contradiction. Si le cardinal de Richelieu n'a
pas assez connu l'importance de cette classe
laborieuse, s'il s'en est trop peu occupé,
faut-il partir d'une faute de ce grand ministre, et s'en autoriser, pour accréditer
le plus faux et le plus injuste de tous les systèmes d'administration, qui blesse les lois
divines et humaines, si funeste à la richesse
des empires, et si contraire à la justice distributive, qui doit être la base et le but de la
société des hommes.

En traitant ces graves questions politiques et
administratives, ce n'est point nous être écarté
de notre objet principal : il était nécessaire
de faire disparaître tous ces fantômes de l'ancienne administration, et de redresser ces

raisonnements erronés, dont on pouvait obs-
curcir les débats du vaste projet soumis à la
délibération des grands corps de l'état. Il
n'est point douteux qu'une entreprise qui
va donner une face nouvelle à la ville de
Paris et à la France ne doive être débattue
sous tous les points de vue de politique, de
morale et d'administration. Toutes les considérations seront pesées; tous les intérêts
seront interrogés : les provinces seront en
cause avec Paris; et c'est à nous de les convaincre que leur cause est la même.

Les préventions des députés contre l'existence politique, morale et commerciale de
Paris, et leur préférence mal calculée pour
leurs provinces, tiennent à de fausses idées
sur la nature et la circulation des richesses,
sur les rapports immédiats entre le centre et

les extrémités, sur la balance des besoins et des productions, sur l'harmonie des intérêts universels. C'était un devoir de leur démontrer que la prospérité de leurs provinces est liée d'une manière intime à celle de Paris, qu'elle en découle nécessairement, qu'elle sera d'autant plus grande que le sera celle de Paris; que c'est Paris qui met les provinces en valeur; que c'est de son sein que part l'activité qui les anime; et qu'enfin toute action de Paris a sa réaction dans les provinces.

Nous leur dirons de plus que si Paris n'existait pas, il faudrait qu'une ville de province devînt capitale, pour faire un centre qui portât la vie sur tous les points de sa circonférence, parcequ'une capitale est le cœur d'un royaume; que c'est le mouvement de ce cœur qui envoie le sang dans toutes les veines de l'état, et que l'expérience de tous les pays du monde fait voir que ce sont les capitales qui animent toutes les parties d'un empire; que là où il y des capitales puissantes, il y a toujours des provinces florissantes, et que par conséquent on ne peut trop augmenter la force de ce centre, pour accroître celle des extrémités. La Sicile était une province riche et puissante, quand il y avait une Rome pour consommer ses productions.

C'est du sein de cette démonstration que partent nos convaincants raisonnements en faveur des prospérités de Paris, qui seront celles de toute la France, car elles sont inséparables; elles naissent l'une de l'autre, et il faut bien se garder d'en faire la distinction et la division : et cela est si vrai que si tout-à-coup Paris pouvoit arrêter son mouvement, toutes les provinces aussitôt en seraient paralysées. Leur existence commune est tellement dépendante l'une de l'autre, que Paris ne peut languir sans qu'elles soient languissantes; et si Paris venait à réduire sa consommation, les provinces seraient obligées d'arrêter leurs productions. Mais il n'en va pas ainsi: l'action de Paris est double en ce moment; le travail, la spéculation, l'industrie, la consommation, tout s'anime de plus en plus dans ce foyer de chaleur et d'activité, et les provinces en reçoivent une nouvelle vie. Nous ne pouvons trop le répéter, Paris est la mine des provinces; et Paris, ville maritime, leur en promet l'inépuisable fécondité.

Puisque Paris est le foyer central d'où doivent partir tous les rayons, nous devons souhaiter qu'il les puisse porter dans toutes les parties de l'empire. Il ne faut pas seulement considérer tout ce qui a sa direction vers son sein, mais tout ce qui en est en dehors, et qui doit y aboutir. Une partie de la France est inerte et inanimée; nous devons souhaiter que Paris reçoive une action plus puissante, pour qu'il réagisse de toute part, et que ce nouveau mouvement se communique à toutes les parties languissantes, incultes ou désertes. Un voyageur russe, après avoir parcouru ces contrées encore barbares, dit que la Russie est en général plus civilisée que la France. Répétons-le, à la honte de l'administration française de presque toutes les époques. Joignons-y le témoignage accusateur de l'habile ingénieur Cordier, qui a aussi visité cette France inconnue, et qui en fait le tableau comme d'un pays sauvage dont on fait la découverte. Qui donnera la fécondité à ces contrées stériles et abandonnées? Qui donnera l'existence à ces extrémités mortes si éloignées de leur centre vital? C'est l'âme de Paris qui ira les vivifier; c'est le mouvement qu'il leur imprimera qui les fera sortir de leur léthargie; c'est à la voix de Paris qu'elles vont s'animer.

La France, comme l'Angleterre, n'a besoin que d'elle-même pour le développement et l'accroissement de ses richesses; mais l'Angleterre ose tout, et la France est timide: quand elle osera, elle trouvera en elle-même la source de ses prospérités. Il faut que les grands corps nationaux qui sont appelés à veiller sur ses destinées lui donnent les moyens de développer toutes les forces qui lui sont propres : son esprit national, qui commence à se former, renversera tous les obstacles qui s'opposaient à sa grandeur. Nous ne sommes plus au règne d'Henri III, où l'influence des courtisans et des financiers a porté des coups si mortels au commerce et à l'agriculture.

Lorsque l'impulsion générale entraîne l'administration de France dans des voies d'améliorations, alors elle s'empare de tout; elle veut exécuter les projets, elle veut diriger les entreprises, et croit qu'on ne peut se passer de son intelligence. L'Angleterre lui donne des leçons sur tout; elle ne profite d'aucune. L'administration de France veut faire, l'administration d'Angleterre laisse faire; et de là vient la prodigieuse différence des progrès des deux peuples; mais, outre qu'il n'est pas bon qu'un gouvernement mette la main sur tout, quel est le ministère en France qui peut entreprendre et qui peut achever? La vie politique d'un ministère est si courte que, s'il a le temps de jeter un plan, il n'a pas celui de le suivre. A peine ses entreprises sont-elles commencées qu'il est remplacé par un autre ministère; et si ce nouveau ministère n'approuve pas ses conceptions, il les exécute mal, ou ne les exécute pas. L'administration de France a plus raison que toute autre d'abandonner aux citoyens toutes les longues entreprises. Son peu de savoir et d'énergie, sa mobilité, son existence toujours chancelante et sans durée, tout l'invite à ne rien faire, et à tout laisser faire. Que le gouvernement de France laisse donc faire, et il verra où le génie français portera ses destinées.

Les députés des provinces, qui ont surtout en vue leur prospérité locale, doivent
bien se persuader qu'elles ne peuvent l'accroître d'elles-mêmes et d'elles seules. Celle
qui leur est propre serait toujours bor-
née, si une seconde vie ne leur était com-
muniquée. Si leurs productions ne devaient
être consommées que par leur population,
elles seraient à vil prix : leur existence serait médiocre, comme cela se remarque
dans les pays qui n'o ntde relations qu'a-
vec eux-mêmes, et où l'agriculture n'est pas
secourue et fécondée par le commerce, qui
est l'esprit vivifiant de toute faculté productive. Les provinces les plus florissantes
de France sont celles qui ont le plus de
communications et de relations avec Paris.
Les députés des provinces moins prospères
doivent avoir les yeux attachés sur ces exem-

ples plus éloquents que nos discours. Qu'ils demandent des routes et des canaux pour envoyer leurs productions vers le centre commun où les autres provinces apportent les leurs, et d'où ils en remportent le prix.. Où se dirige ce nombre prodigieux de navires qui couvrent tous nos fleuves, et de voitures qui couvrent toutes nos routes, avec des chargements de bois, de grains, d'huiles, de vins, d'objets manufacturés? Ils vont à Paris, et reviendront avec les trésors de Paris. Voilà ce qui est; voilà ce qui doit être. C'est ce flux et reflux qu'il faut reconnaître, animer et étendre.

Mais, diront les députés des provinces maritimes, Paris, port de mer, affaiblira le commerce de Marseille, de Bordeaux, et des autres villes maritimes, qui verront d'un œil inquiet et jaloux les nouvelles grandeurs de Paris.

Voyons-nous les villes maritimes de l'Angleterre souffrir de la prospérité de Londres? Chaque ville n'a-t-elle pas une branche de commerce spécial? Marseille n'a-t-elle pas ses huiles, Bordeaux ses vins? Paris peut-il s'emparer des avantages qui tiennent au sol et à la situation des lieux? Ces villes ont-elles atteint le dernier degré de leur prospérité? Ne vont-elles pas, sur l'exemple de Paris, redoubler d'activité et d'industrie, et élargir la source de leurs richesses personnelles? Si d'ailleurs Paris, port de mer, partage avec elles une partie du commerce des mers, ne leur offre-t-il pas aussi de prodigieux avantages? Ne va-t-il pas faciliter l'arrivage des productions qui leur sont propres? Les productions

locales de ces provinces, destinées pour Paris,
vont avoir une route directe, rapide et moins
coûteuse. Les navires chargés de leurs richesses entreront dans Paris, et se rechar-
geront des objets qu'ils demandent à Paris, et
qui ne leur arrivaient que par des voies dé-
tournées, lentes et dispendieuses. Il n'est pas
jusqu'aux petites villes maritimes qui vivent
du commerce de la pêche, qui ne trouvent leur
avantage à cette communication de Paris avec
les mers. Laissons agir le génie commercial;
il en sait plus que les gouvernements.

Mais si les provinces de France veulent pénétrer dans l'avenir de prospérités qui leur
sont promises, elles doivent les étudier et les
découvrir dans la situation même des provinces de l'Angleterre, qui leur en offrent le tableau dans le développement des moyens qui

leur sont propres, et dans la source de leurs richesses indépendantes. Etablissons cette similitude de situation pour arriver à celle des prospérités.

Les Iles Britanniques se composent de trois grands états commerciaux , l'Écosse, l'Irlande et l'Angleterre. Mais quelles sont les relations respectives de ces trois pays? Londres et Liverpool, Manchester et Birmingham: tels sont les grands traits de la production de l'Angleterre proprement dite, et ces quatre grandes villes sont les foyers les plus actifs et les plus prospères de l'industrie dans le monde connu. Mais ce qu'il faut remarquer, c'est que leur action cesse aujourd'hui de s'étendre à l'Écosse, et bientôt à l'Irlande; et Glascow, Greenock et Edimbourg, arrivées à un état de prospérité locale et personnelle, ont déjà élevé l'Écosse à un degré d'industrie dont les progrès sont remarquables. La population de l'Écosse suit les mêmes progressions, et influe activement sur la production, comme la production sur elle. Si les progrès de l'Irlande n'ont pas la même rapidité, on connaît trop les causes politiques qui retardent la marche de cette partie commerciale de l'empire.

La France, comme l'Angleterre, peut se diviser, sous le point de vue du commerce extérieur, en quatre grands bassins, ceux du Rhône, de la Gironde, de la Loire et de la Seine; ces quatre bassins sont d'une étendue plus ou moins considérable, èt qui se rapproche plus ou moins de l'étendue de l'Angleterre proprement dite. Voilà quatre états commerciaux qui entrent dans la même division de ceux de l'Angleterre, et qui, quoique plus compactes, offrent entre eux des distances suffisantes pour les rendre indépendants, sous le rapport de l'action du commerce extérieur, comme l'Écosse et l'Irlande le sont de l'Angleterre.

Telles sont les destinées des grandes divisions commerciales de la France, qui, quatre fois plus considérable que l'Angleterre, peut élever sur son territoire des villes aussi importantes, aussi actives, et aussi prospères que Manchester, Liverpool et Birmingham. Les vallées de la Seine et du Rhône les possèdent déjà. Rouen, Saint-Quentin et Paris, Lyon, Mulhouse et Saint-Etienne, sont les capitales de ces grandes divisions commerciales; les vallées de la Loire et de la Gironde demandent les leurs. C'est le port de Paris qui leur donnera naissance, et Nantes et Bordeaux en recevront une augmentation de richesses. Si la seule fabrique de coton de l'Angleterre a rendu si florissant le port de Liverpool, Marseille, Nantes et Bordeaux peuvent prévoir les avantages qui les attendent.

Les territoires dont l'approvisionnement appartient à ces trois ports, et que rien ne peut leur ôter, sont presque aussi étendus, plus riches et plus variés que celui d'Angleterre; il ne leur manque que de l'industrie et de la population; et ce n'est que d'une capitale maritime qu'ils recevront le développement de leurs propres facultés et de leurs richesses territoriales.

Ce n'est point aux villes de France, c'est aux villes maritimes étrangères à se plaindre, et à concevoir une juste crainte que Paris, port de mer, ne change la direction du commerce du monde. Ce sont les villes qui font les affaires de l'Inde qui doivent craindre que l'on n'ait plus besoin de leur intermédiaire. Paris, ville maritime, aura sa marine commerçante comme Londres et Amsterdam; et, comme elles, elle lancera ses vaisseaux sur toutes les mers, et vers tous les points du globe. On peut prévoir enfin, sans s'exposer aux reproches d'une erreur, que Paris, ville maritime, donnera le plus grand développement aux affaires commerciales, placera la politique sous de nouveaux aperçus, changera des relations, en créera d'inattendues, et, par sa puissante influence, avancera l'époque d'une législation maritime depuis si long-temps demandée par tous les peuples. Car aujourd'hui le nom de liberté se place en tête de toutes les affaires humaines; la liberté civile,

la liberté des cultes, la liberté des mers ; et
l'Angleterre, qui autrefois ne la réclamait
que pour elle, étend ce grand principe à toutes les nations ; et elle a fait ce grand pas vers
l'équité universelle, qu'elle ne fait plus de différence entre les libertés anglaises et les libertés européennes. L'Europe semble arriver
à cette ère si désirable où ses peuples, entrés
dans une nouvelle civilisation, sans inimitié
et sans glaive, ne combattront plus que de
génie et d'industrie.

On trouve dans les projets d'administration de M. de Sully un devis pour la con-
jonction des trois mers. Il avait un moyen
sûr d'attirer au centre de la France tout le
commerce de l'Océan et de la Méditerranée;
c'était de joindre par des canaux la Seine
avec la Loire, la Loire avec la Saône, la Saône

avec la Meuse. Voilà de ces grandes vues administratives si conformes au génie de notre siècle. Si ce ministre populaire eût vécu dans les temps d'industrie et d'activité générale où nous sommes, il aurait réalisé ces grands projets de politique et d'administration, et le canal maritime de Paris serait déjà ouvert.

Si, des bases que nous avons posées, nous voulons nous élever à des considérations d'un ordre supérieur, nous les atteignons comme des conséquences de cette haute entreprise si propre à ranimer notre génie marin, à re-créer un commerce colonial, et à revivifier la marine militaire, qui devra s'accroître avec la marine commerçante, qu'elle est destinée à protéger, et dont elle doit tirer ses principales ressources. En effet, il n'est possible à aucun état d'entretenir une grande marine, si le commerce ne forme et ne nourrit ses matelots dans les intervalles de guerre. C'est donc augmenter la marine d'un état que d'augmenter son commerce maritime. L'Angleterre et la Hollande ont fait une victorieuse application de ces deux principes unis. Ces deux grands ressorts sont inséparables. Plus la France aura de canaux et de ports de mer, plus cet esprit, si près de sa chute, renaîtra de la nécessité même des choses; mais c'est surtout du sein de Paris, ville maritime, que sortira cet élan vers toutes ces nobles destinées de l'empire.

Vingt villes de France, devenant tout-à-coup ports de mer, n'auraient pas sur l'opinion générale cette prodigieuse influence que le seul nom de Paris exerce sur l'esprit national.

Son nom seul est un appel à toutes les indus-
tries, à toutes les spéculations, à toutes les
émulations d'intérêt. Il fécondera tout ce
qu'il y a de génie commercial en France; et
si déjà son nom est une si grande puissance
morale en Europe, que sera-ce quand, réu-
nissant tous les avantages des autres grandes
capitales, elle les égalera dans leur prospérité,
et les surpassera dans leur renommée. M. de
Colbert voulait que la France fût l'entrepôt
de tout le commerce de l'Europe; quand il
le disait, l'Angleterre n'avait point fait les pas
de géant qu'elle a faits depuis. Il est dans les
destins de la France d'arriver tard à tout ;
mais, quand elle s'ébranle, elle sait triompher
des difficultés et de ses rivales. Ainsi, lorsque ce grand mouvement commercial et industriel sera imprimé à la capitale maritime,
et qu'il aura révélé à la population de Paris

les secrets et les merveilles du commerce extérieur, il fera naître l'amour des entreprises
maritimes, et les capitaux se porteront na-
turellement aux armements et aux expédi-
tions.

Bien loin que les ports de mer voient avec
inquiétude que Paris le devienne, il y va de
leur plus haut intérêt. C'est parceque la capitale de l'Angleterre est un port de mer que
son gouvernement a accordé une si con-
stante protection à tous les intérêts maritimes du royaume.

L'administration générale, placée dans le
centre le plus actif du commerce extérieur,
prendra des idées plus justes des besoins,
des ressources et des secrets du commerce;
sa protection sera plus vive et plus immé-

diate; les ports de mer en recevront les ef-
fets plus suivis et plus prompts. Quoi de plus
avantageux pour eux que de voir la capitale
animée des mêmes intérêts, et ajoutant tout
son poids et toute son influence dans l'examen des questions qui intéressent les ports
de mer. Si Paris l'était en ce moment, son
influence déciderait la reconnaissance des
Amériques.

Dans des questions de cette importance,
si décisives pour la gloire et la richesse des
empires, il faut embrasser tous les temps, et
se placer dans toutes les conjonctures.

La prospérité de la ville de Paris vient
principalement de ce qu'elle a toujours été
le siége du gouvernement ; mais sa force morale n'a pas été en tout temps tellement puis-

sante qu'elle ait obligé le gouvernement à s'attacher à elle. Un grand évènement politique pouvait l'engager ou le forcer à prendre son centre dans une autre ville; et, de nos jours, nous avons vu des évènements si extraordinaires et si impérieux, qu'ils pouvaient changer la face de la France et les destinées de Paris, malgré toute sa prépondérance politique, et même à cause d'elle. Tout était possible, et même tout était facile dans les grandes adversités nationales dont nous avons été témoins.

La ville de Paris pouvait donc voir le gouvernement se séparer d'elle. Napoléon, dans un moment d'humeur, l'en avait menacée, et le conseil en a été donné aux rois de France. Sa puissance étant, en quelque façon, empruntée de son gouvernement, n'ayant de

moyens propres que ceux qui lui sont com-
muns avec tant d'autres villes, elle pouvait
voir sa grandeur s'affaiblir, et se trouver ré-
duite au rang des villes de province; mais
désormais assise sur un canal maritime, elle
acquiert une puissance qui lui est personnelle, et qui lui ouvre une source si féconde
de prospérités indépendantes des évènements
politiques, que, quand même elle serait sac-
cagée et détruite, elle aurait toujours la puissance de remonter à sa grandeur; et cette
puissance est telle désormais, qu'elle oblige
le gouvernement à se fixer dans son sein, et
le met dans l'impossibilité de s'en éloigner,
parceque sa force morale et politique sera
supérieure à celle du gouvernement; et cela
même est dans le plus grand intérêt des rois.
Nous n'hésitons pas à le dire, il faut souhaiter pour le bonheur et la sûreté des rois

de France, que Paris acquière cette puissance d'opinion qui doit s'identifier avec la leur, ou être la même par la sagesse de leur conduite : il faut les en convaincre par de nouveaux aperçus de politique et d'administration. Il est insuffisant d'étudier la politique dans l'histoire, cette étude incomplète a égaré Louis XVI : c'est dans la société présente qu'il faut en reconnaître les principes applicables; les rois verront combien leur tâche est aisée.

Il est devenu bien facile aujourd'hui de gouverner les grands peuples. Tous les empires ont une capitale dominante, où se concentre la plus grande force morale des nations; et c'est au sein de ces villes suprêmes que se forme l'opinion qui règne chez tous les peuples, et qui devient leur première loi,

plus forte que toutes les lois écrites. On gouverne les provinces avec des ordres et des
circulaires; tout se conforme à la conduite
des capitales; tout ce qui part de ces grands
centres fait loi pour tout le reste. Si les capitales sont soumises, les provinces le sont;
si elles se révoltent, les provinces prennent
le même étendard. Toute l'action d'un empire
est dans sa capitale, tout le reste est passif.
Tel est le despotisme de l'opinion, qu'il est
obéi sans murmure et sans contradiction.

Tout le secret des rois est donc de plaire à
leurs capitales, et de ne pas se brouiller avec
elles, ainsi que disait le grand Czar, en par-
lant de Paris et des rois de France. Voilà un
art politique bien simplifié, voilà la science
du gouvernement bien abrégée : les rois n'ont
plus qu'une ville à gouverner, et cette ville

gouverne toutes les autres. Si Lyon, Bordeaux et Paris avaient une égale prépondérance dans l'état, la politique des rois serait très compliquée, et leur situation toujours en péril. La jalousie de ces villes rivales, leurs intérêts divers, leur ascendant opposé, obligeraient les rois de France à des ménagements difficiles et continuels, partageraient l'état en plusieurs bannières, et le moindre évènement politique ou militaire troublerait le royaume, et menacerait la couronne; mais l'ascendant unique d'une grande capitale est un autre sceptre qui garantit celui des rois. Les rois ont bien à s'applaudir qu'il se soit formé dans les sociétés une monarchie morale qui commande à toutes les opinions, et qui soit le centre de tous les intérêts; mais comme toute situation politique a son danger pour les rois, nous ne leur dissimulerons pas que celle où nous les plaçons serait la plus dangereuse de toutes, s'ils avaient l'imprudence de combattre les intérêts et l'opinion des capitales : mais c'est un égarement qu'on ne doit pas supposer. Les rois peuvent se tromper; mais il ne faut pas leur prêter des intentions si contraires à leur gloire, et qui seraient si fatales à leur puissance. Dans l'examen des grandes questions, on ne suppose point l'absurde : les rois n'échangeront point une politique facile et favorable contre une politique insensée et funeste.

Ainsi les plus hautes combinaisons politiques se réunissent à toutes les considérations de prospérité publique pour vivifier le cœur de l'état, pour agrandir ce centre où tous les intérêts sociaux doivent chercher leur source et leur appui, où viennent se

rendre et se modeler toutes les volontés nationales, qui est le berceau et le siége de
toutes les renommées imposantes, et le foyer
de la civilisation la plus avancée.

Mais cette nouvelle prospérité du commerce et du génie industriel porte ombrage
à l'aristocratie, et, dit-on, lui inspire de l'ef-
froi. Elle craint que sa dignité ne soit effacée
par la richesse du commerce, et que le commerce ne se rende si prépondérant qu'il ne
devienne lui-même aristocratie.

L'aristocratie est toujours en alarmes
quand un mouvement se fait dans le corps
social. Comme elle est immobile et sans action, elle redoute tout ce qui s'anime ; la
moindre agitation lui paraît une secousse qui
la menace. Comme elle est toujours semblable

à elle-même, elle voudrait que rien ne changeât d'aspect ; elle abhorre toute élévation qui se montre à côté de la sienne. L'industrie, le commerce, la richesse, le génie, tout lui fait peur. Comme sa force est dans un préjugé, elle tremble qu'une force supérieure et plus réelle ne détruise ce préjugé déjà tant affaibli.

Quand l'aristocratie est formée des éléments qui doivent la composer, elle n'a rien à redouter. L'aristocratie est inhérente à la société des hommes; elle est partout, même dans les gouvernements où elle n'est pas nommée. Il y aura toujours des vertus, des talents, des services, des richesses; ce sont les éléments aristocratiques, ils sont impérissables.

L'aristocratie peut avoir une application

fausse , mais sa nature est vraie. C'est avec ces mêmes éléments que l'ancienne aristo-cratie a été autrefois composée ; c'est à elle de ne point les perdre , pour se conserver. L'aristocratie anglaise ne disparaît point sous l'éclat de l'opulence commerciale : elle a. d'ailleurs trouvé le moyen de s'affermir , en se faisant l'appui des libertés publiques. Si l'aristocratie française, au lieu de se tenir en dehors des intérêts nationaux, en prenait la défense, comme l'aristocratie anglaise , elle serait inattaquable. La société n'est point injuste ; elle combat ceux qui la combattent, elle défend ceux qui la défendent. Que l'a-ristocratie y prenne garde ! ce ne serait pas pour elle un moyen de conservation , que de s'opposer à l'exécution d'une entreprise qui tient toute la France attentive, et où elle entrevoit les plus grandes prospérités.

Cela rappellerait trop vivement peut-être que c'est encore elle qui a fait obstacle aux grandes vues nationales de M. de Sully et de M. de Colbert ; que c'est elle surtout qui a entravé leur généreuse administration , et que sans elle nous serions depuis long-temps au premier degré de l'échelle européenne. Les temps ne sont plus les mêmes ; elle ne pourrait plus aujourd'hui comprimer le génie français , et arrêter dans sa marche assurée tout un peuple affranchi qui rejette toute influence qui n'est pas nationale, qui a su trouver sa grandeur dans sa propre force , et qui ne doit ses progrès qu'à lui-même.

Non, ce n'est point à son gouvernement , c'est au génie du commerce et de l'agriculture, à la passion des arts et de l'industrie, à l'esprit de spéculation, au désir de la gloire, que l'on doit ces grandes entreprises et ces projets d'entreprises vers qui tous les esprits depuis quelque temps ont pris leur direction.

Le temps était venu, l'exemple était donné, les vastes spéculations de l'Angleterre, la nouvelle direction de son florissant commerce, la situation changée de l'Amérique, la liberté donnée à cette grande terre esclave, ce concours de tous les esprits, cette intelligence tacite de tous les peuples; tout a entraîné la France dans ce mouvement général, et à son tour elle y entraîne son gouvernement.

Il est désirable que cet esprit de spéculation atteigne toutes les classes de la société, et surtout cette population inerte de rentiers, si pesante aux gouvernements et aux peuples. Ce sera encore un des grands résultats de la nouvelle situation de Paris, d'entraîner les rentiers dans les voies d'industrie qui seront si proches d'eux, et de forcer, pour ainsi dire, cette classe stérile à devenir classe productive par l'esprit de spéculation, et l'application de ses fonds morts aux entreprises du commerce et de l'agriculture.

Disons-le avec Sully et Colbert, et disons-le avec le même chagrin et la même force : les rentiers sont une des plus grandes plaies de l'état.

Ces ministres s'appliquaient à en diminuer le nombre avec autant d'application que d'autres cherchent à l'augmenter. Le cardinal de Richelieu pensait et agissait de même. Il est évident que tous les trésors renfermés dans les mains du gouvernement sont ravis au commerce et à l'agriculture, et que l'argent,

qui n'est autre chose qu'un moyen de pro-
duire et de consommer, est détourné de sa
destination. Le gouvernement, en demandant
l'argent des rentiers comme secours, enlève
ce secours à la société; il s'empare de ses
moyens, la prive de ses facultés; il appelle
tout le sang des veines au cœur, et laisse tous
les membres languissants. L'argent entassé
dans les mains du gouvernement devient
alors le seul objet d'industrie; de là les spéculations sur l'argent, qui sont la peste de
l'état et l'abîme des fortunes : il n'y a que les
spéculations sur le travail qui soient morales
et salutaires. De nos jours l'agiotage a été mis
en honneur, et cet esprit a été soufflé dans
toutes les classes de la société; de cette source
impure il est sorti des fortunes fabuleuses :
cet agiotage a amoncelé dans les mains de
quelques uns une grande partie de l'argent

en circulation, et il s'est élevé du sein de ce brigandage, des puissances financières telles qu'elles commandent aux puissances politiques. Voilà où les mauvais systèmes conduisent les sociétés; ils les livrent aux capitalistes, qui, une fois maîtres de la fortune publique, le sont aussi de tous les ressorts de l'état qui s'est mis dans leur funeste dépendance. Sous une administration habile et morale, les fortunes des capitalistes et des rentiers doivent être dirigées vers les entreprises nationales et les efforts du génie commercial et agricole. C'est ce qui doit arriver, sinon par l'impulsion de l'administration, du moins par la tendance naturelle des choses; et elles commenceront à prendre cette direction du jour où Paris, ville centrale, sera, pour ainsi dire, placée sur une frontière maritime, et deviendra le vaste entrepôt du plus florissant commerce.

Les observations que nous avons faites, les aperçus importants que nous avons présentés, et les conséquences qui en découlent, se réunissent en faisceau pour arriver à la preuve que l'accroissement des provinces de France est lié à celui de Paris, et que leur prospérité n'a qu'une même source; et puisque la preuve est si évidente que ses intérêts sont les intérêts de tous, nous devons suivre avec une vive attention tous les mouvements de ce grand centre, remarquer toutes les créations qui en sortent, qui font ressembler cette ville à une cité nouvelle qui apparaît magiquement, et considérer, avec autant d'inquiétude que de surprise ces innombrables constructions qui font disparaître l'ancien Paris, et s'élèvent sur un sol qui se remplit et s'étend de toutes parts.

Que deviendront un jour toutes ces spéculations hasardées sur les édifices de Paris? à
quoi se réduiront enfin ces richesses fictives
et éventuelles établies sur des espérances in-
certaines et confiées à un avenir inconnu?
Il n'est personne qui, contemplant cet amas
extraordinaire de nouvelles constructions,
n'appréhende les résultats douteux de ces
spéculations aventureuses. Eh bien! ces spéculations douteuses seront certaines, ces richesses fictives deviendront réelles, le jour où
il sera décidé qu'un canal joindra Paris à la
mer; car ce jour sera le premier d'une nouvelle ère de prospérités nationales. De ce jour,
toutes ces propriétés variables de leur nature
prendront une valeur fixe; les espérances seront calculées comme des résultats; la terre,
déjà plutôt pesée que mesurée, sera d'un prix
qui ne peut convenir qu'à la plus habile in-

dustrie. Il ne faut ni s'en étonner, ni s'en inquiéter : les valeurs industrielles n'ont point
de tarif; le taux en est dans le génie de l'industrie, qui voit la richesse où elle n'est pas
visible.

Enfin, cette résolution doublera le crédit
des entrepreneurs, consolidera les fortunes
des propriétaires, enhardira aux mêmes spéculations ceux qui s'en effraient avec raison,
et sauvera Paris des désastres de fortune dont
on peut le croire menacé, et qui seraient
comme un tremblement de terre dont les
secousses se feraient ressentir dans toutes les
parties de la France.

Voilà comme dans un vaste dessein, bien
conçu et bien exécuté, on trouve la solution
de toutes les questions qui intéressent la

prospérité nationale, que l'on donne à tous les intérêts une direction naturelle, morale et politique. Voilà comme, en saisissant chaque partie d'un tout, on découvre toute l'harmonie d'un grand ensemble.

Nous n'avons envisagé cette grande question que sous les hauts points de vue de politique, d'administration et de commerce. Nous entrerons subséquemment dans les spécialités qu'elle renferme, pour prévenir ou détruire les objections qu'elle fera naître.

FIN.